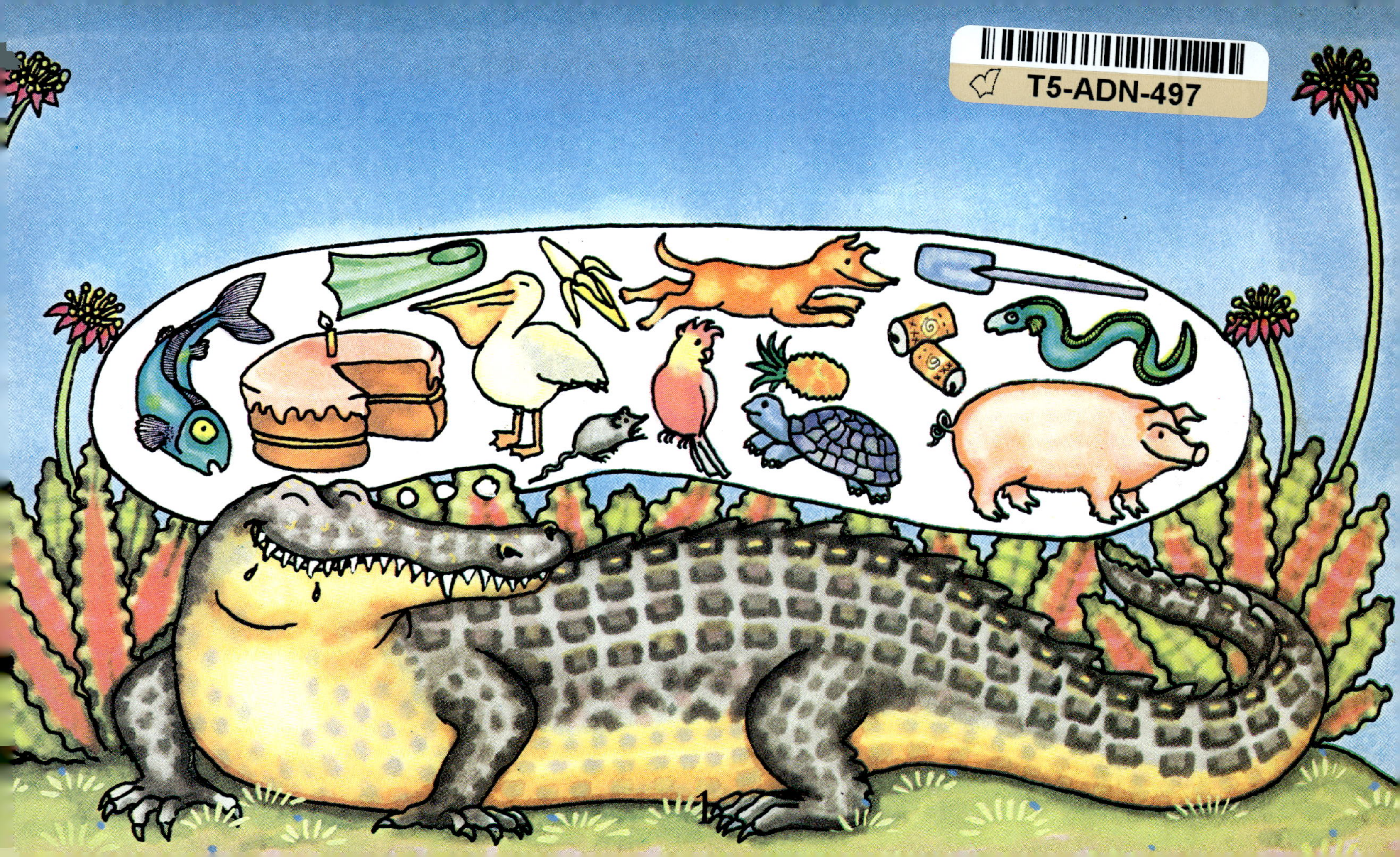

T5-ADN-497

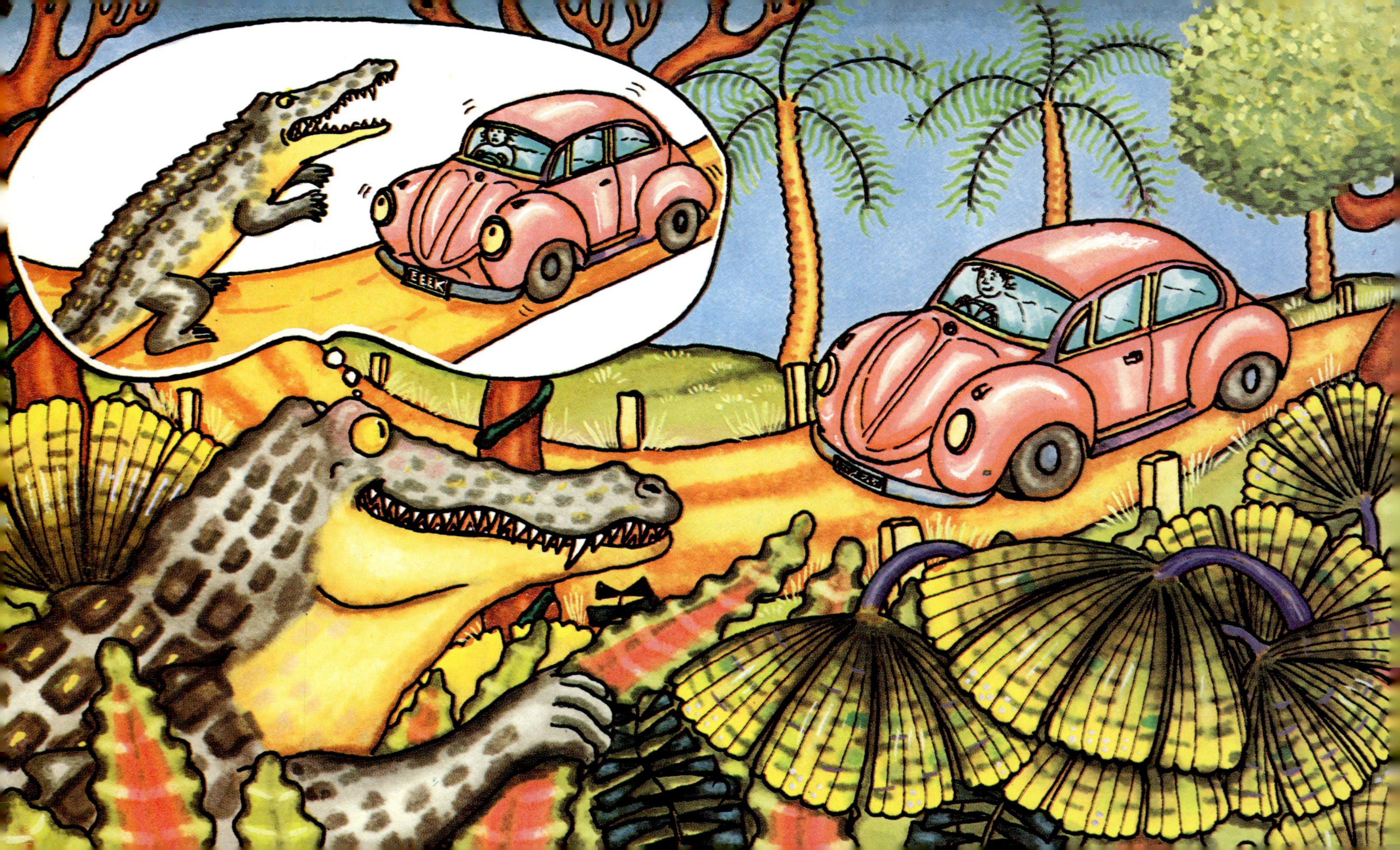
EEEK

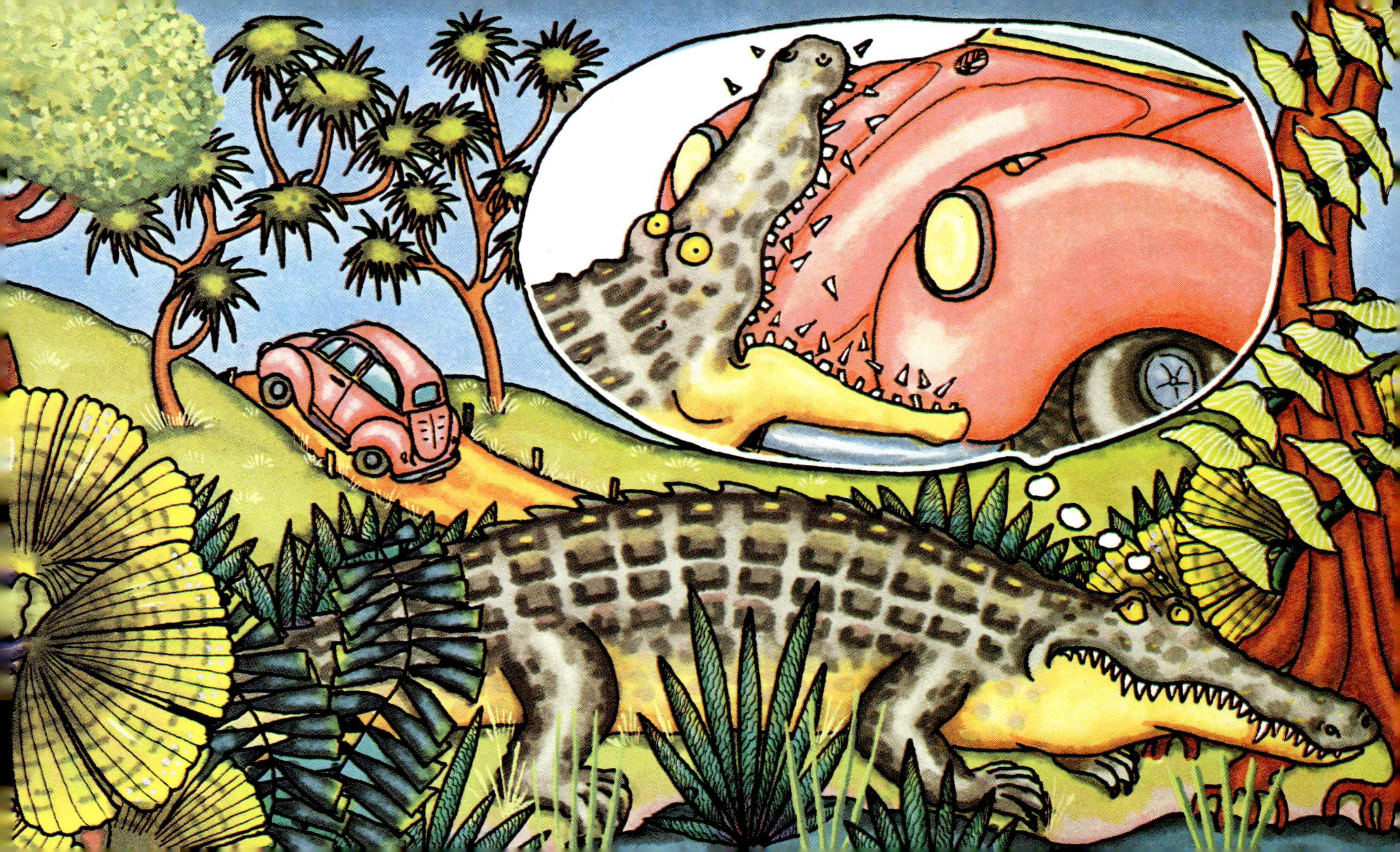

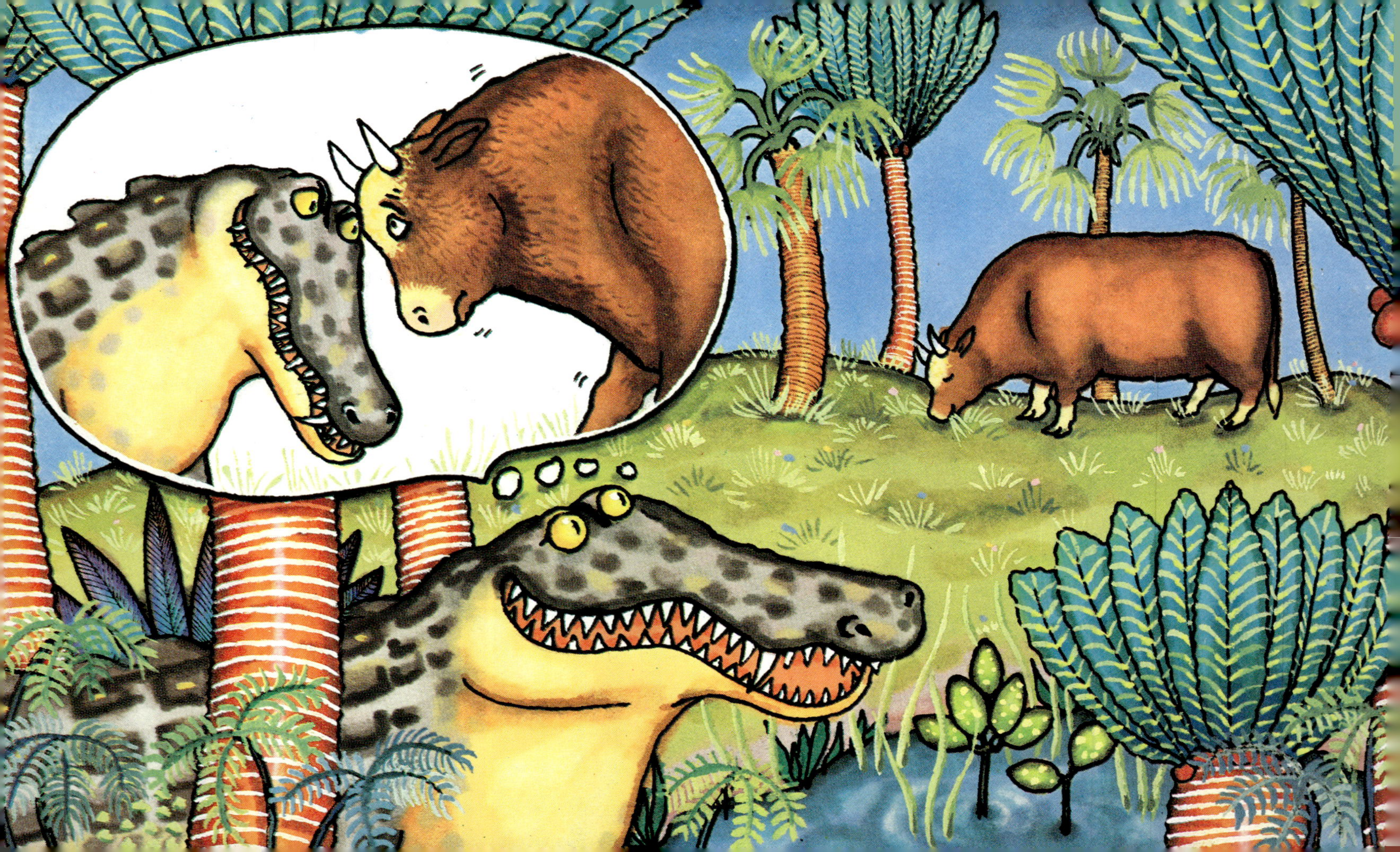

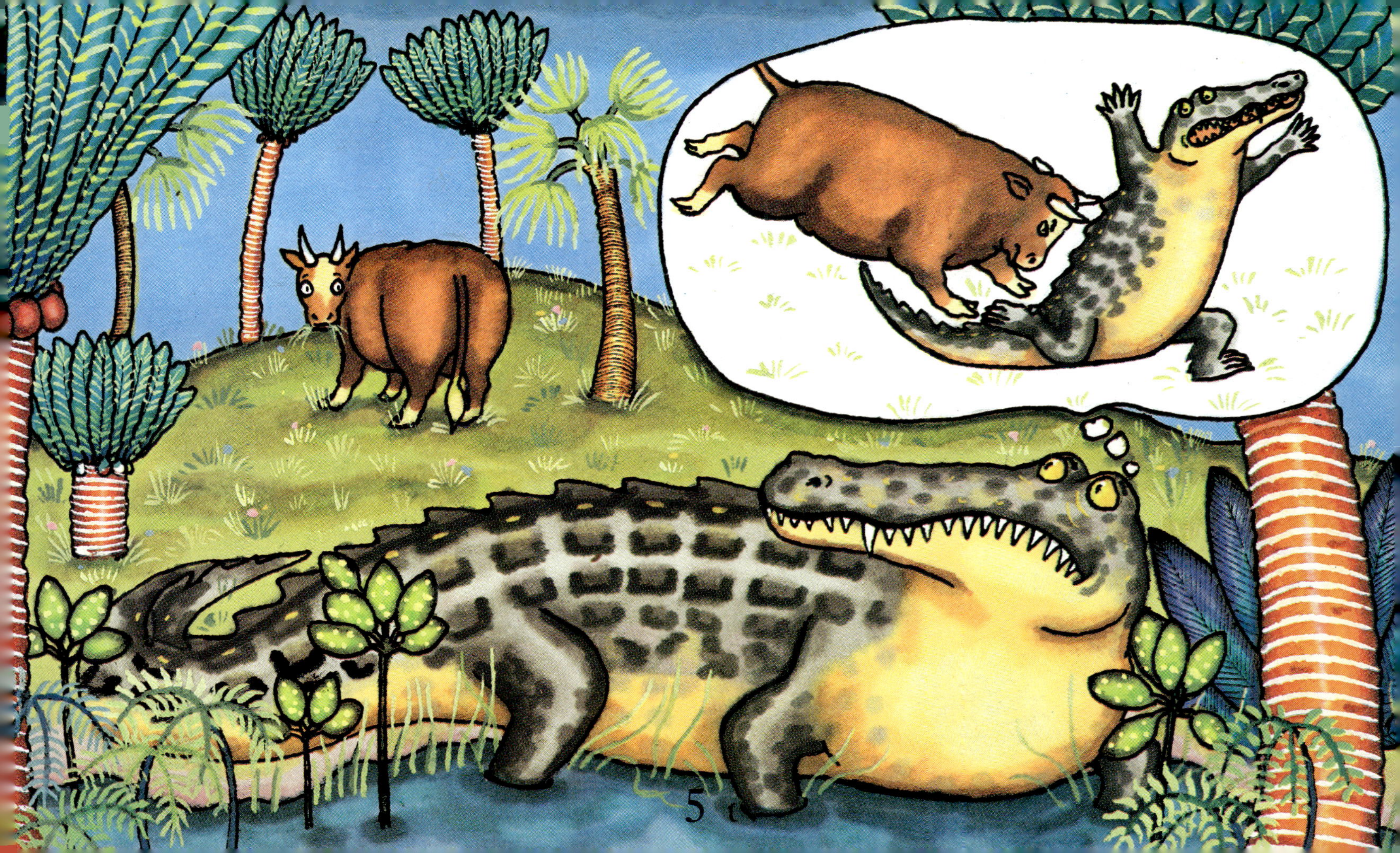

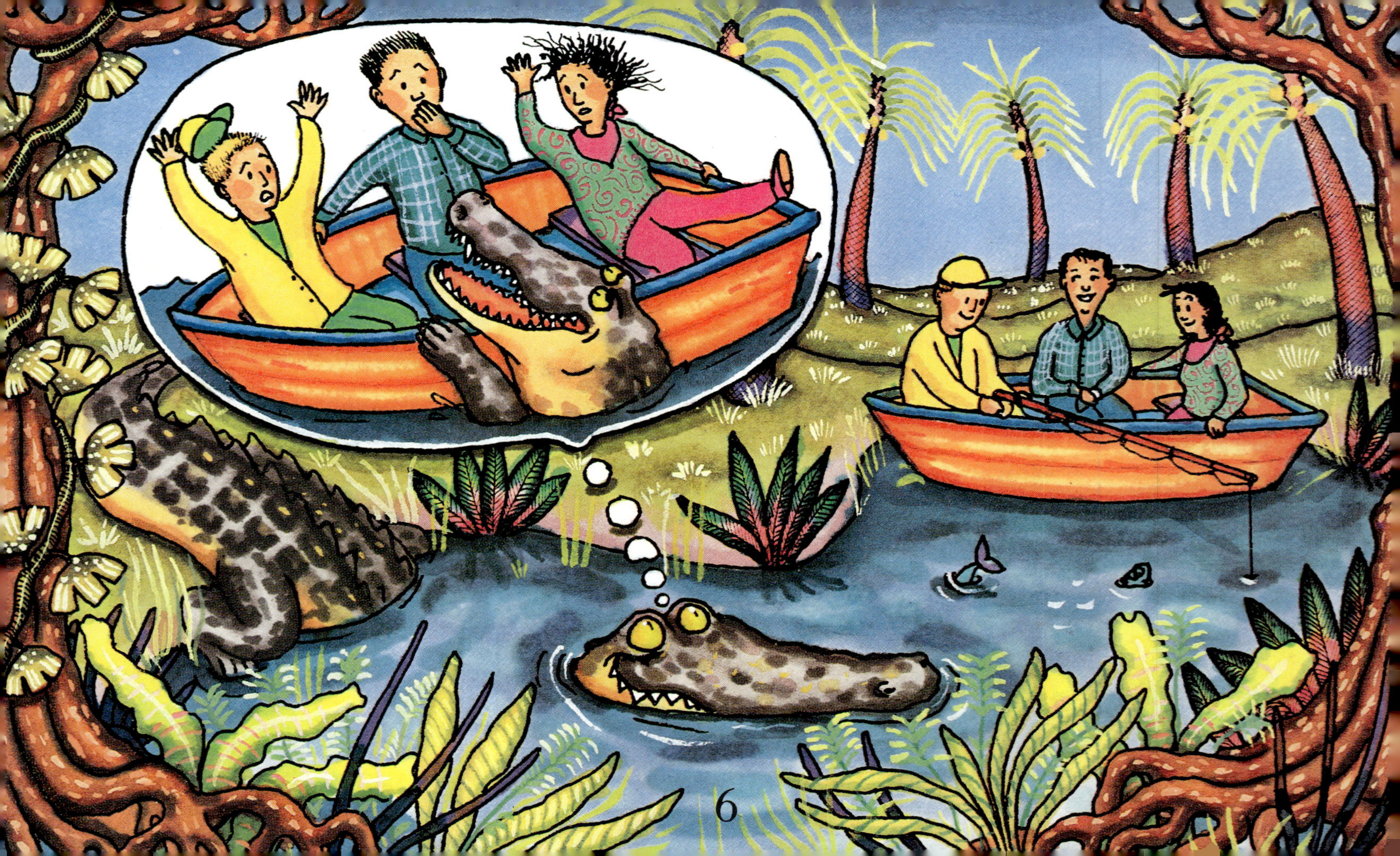

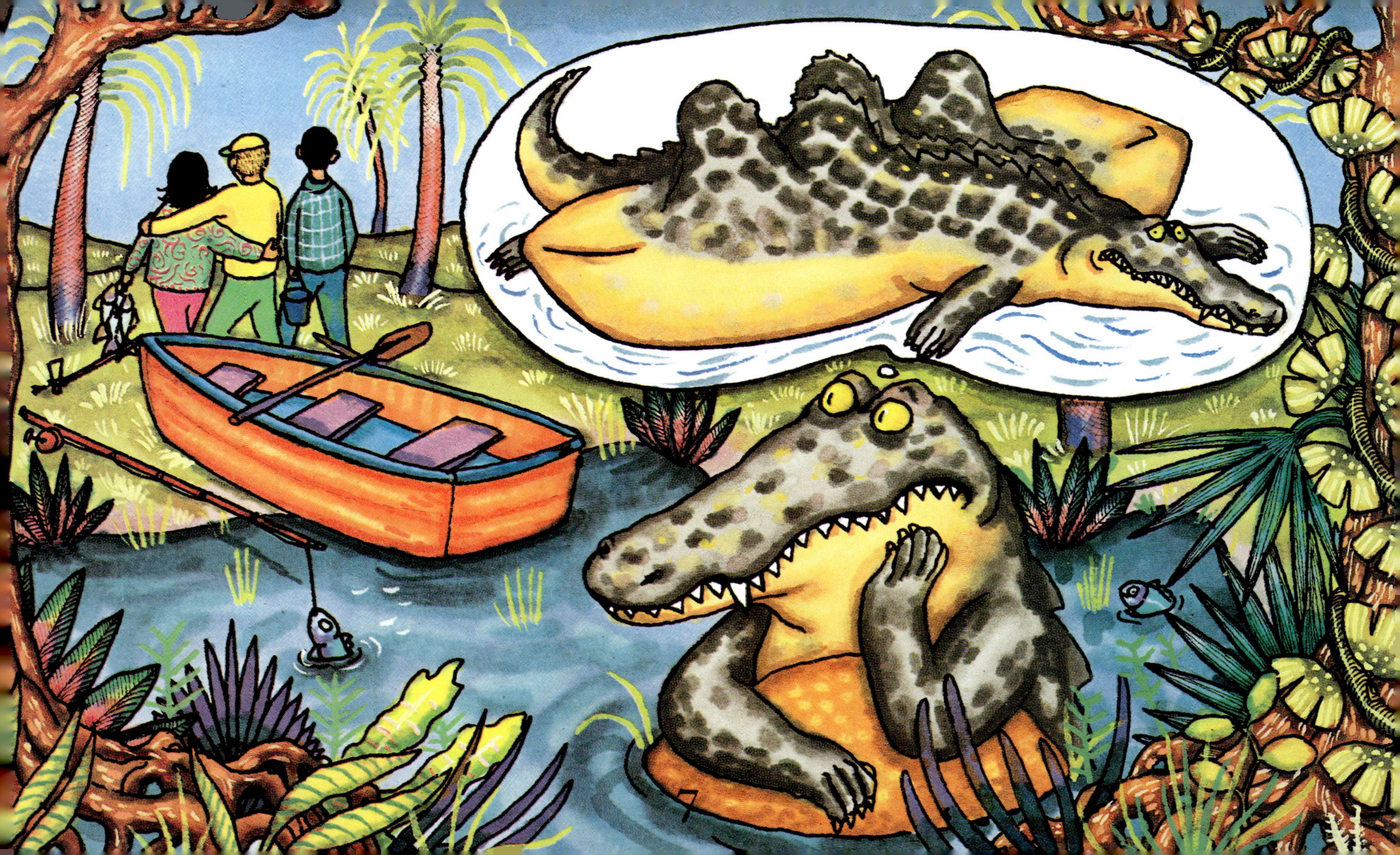

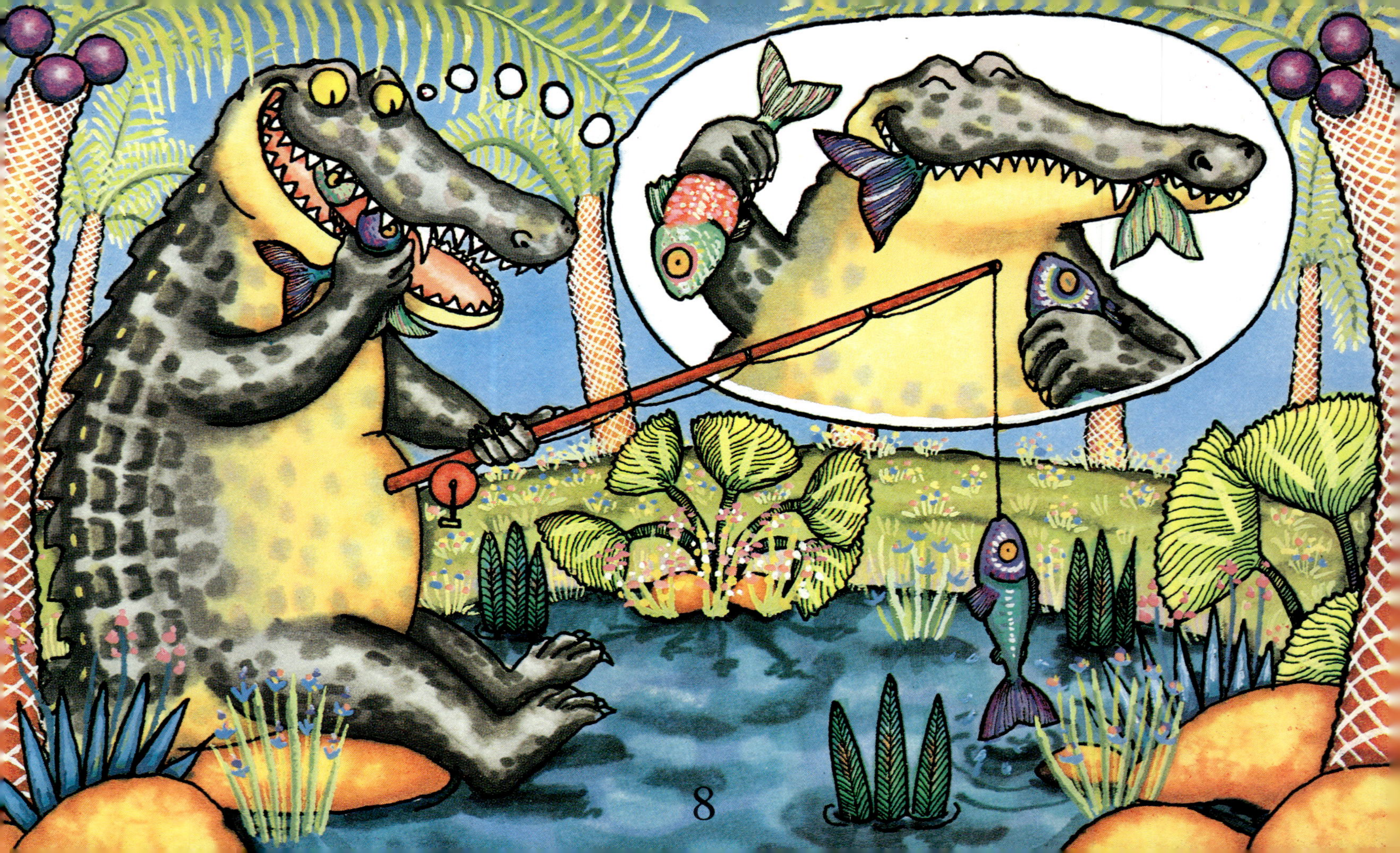